ÜBER DAS GLÜCK UND DIE LIEBE

Hans Kruppa

Über das Glück und die Liebe

arsEdition

Inhalt

Vorwort

Lebensmut ist eine Arznei:
Von Vertrauen und Zuversicht

Umarme die Gegenwart:
Vom Leben im Augenblick

Wenn dein Ich ganz klein ist:
Von Momenten der Liebe

Je mehr Gutes du gibst:
Von Mensch zu Mensch

Hinter den Kulissen des Alltäglichen:
Vom Suchen und Finden des Glücks

VORWORT

Liebe und Glück sind eng miteinander verbundene Lebensthemen und Sehnsuchtsziele. Auch in diesem Buch gehen sie Hand in Hand, in Form von Herz und Verstand gleichermaßen ansprechenden Gedanken: Ansichten und Einsichten, die Orientierung vermitteln und in konkretes Verhalten umsetzbar sind.

Einer in Oberflächlichkeit versinkenden Zeit setzen sie zeitlose Lebensweisheit entgegen, die mit ebenso klarer wie poetischer Sprache wesentliche Erkenntnisse auf den Punkt bringt.

Dieses Buch versteht sich als Begleiter durch alle Lebensphasen, dessen Worten man mit den Jahren immer neue Bedeutungen und Inspirationen abgewinnen kann: als ein ermutigendes Vademekum, Lesegenuß und Lebenshilfe zugleich, das konstruktive Impulse mit Tiefenwirkung bereithält.

Sinn- und bildreich über Liebe und Glück sprechend, kann es der Liebe den Weg ebnen und Glück bringen.

An die eigene Kraft glauben

Nichts Außergewöhnliches, nichts Bedeutendes
kann glücken, ohne die Zuversicht, daß es gelingen
wird.
Der Optimist ist inspiriert von seiner Zuversicht, mit
der er das scheinbar Unmögliche möglich machen
kann. Der Pessimist ist blockiert von seiner Skepsis,
mit der er das Mögliche scheinbar unmöglich macht.
Er verzichtet auf die Freude aus Furcht vor dem
Leid. Er verschließt sich dem Glück aus Angst vor
möglicher Enttäuschung. Man möchte ihm mehr Mut
wünschen.

Lebensmut ist eine Arznei,
mit der man
lähmende Zweifel behandeln kann.
Die Medizin des Lebensmutes
entzieht Ängsten ihre Macht,
schlechten Erfahrungen ihr Gift
und der Skepsis ihre Kraft.

Zuversicht, Selbstvertrauen und ein klares, deutliches Ja zum Leben, trotz seiner Gefahren und Tücken, trotz seiner Unvollkommenheit und Vergänglichkeit, sind unverzichtbar für jeden, der seine wertvollsten Möglichkeiten verwirklichen will.

Wer an sich zweifelt,
stellt sich selbst
Hindernisse in den Weg.
Skepsis und Zweifel machen
jeden Weg lang und schwer.
Vertrauen in die eigene Kraft
kann Flügel verleihen.

Das Glück umarmen

Wenn uns das Glück anlächelt, sollten wir es ohne Zögern umarmen und uns seiner wunderbaren Magie weit öffnen! Es wartet nicht auf den, der es warten läßt. Es flüchtet vor dem Zauderer, entzieht sich dem Skeptiker, meidet den allzu Ängstlichen und macht einen Bogen um den Verbitterten.
Wir sollten unser Herz immer so frei, so jung und mutig halten, daß wir keinen Augenblick zögern, dem Glück offen und vertrauensvoll in die Augen zu schauen, wenn es uns begegnet.

Das Licht des
Wunderbaren im Alltag
erkennst du nur,
wenn du jedem
neuen Augenblick mit
offenem Herzen begegnest.

Wer sich in das Lebensvertrauen fallen läßt, wird schweben; wer sich in die Lebensangst fallen läßt, wird zu Boden stürzen. Wer den Ereignissen mit Heiterkeit begegnet, wird sie aufhellen; wer ihnen mit Trübsinn begegnet, wird sie verdunkeln.
Die innere Haltung beeinflußt das äußere Geschehen.

Die Wirklichkeit ist so,
wie ich sie sehe,
ihr Zustand ist von
meinem Zustand abhängig.
Bin ich glücklich,
ist die Welt ein Paradies.
Leide ich,
ist sie die Hölle.

Von der Liebe lernen

Liebe läßt sich nicht herstellen, man kann sie sich nicht erarbeiten oder gar erkämpfen. Sie ist ein so wunderbares Geschenk des Lebens, daß man sich ungläubig und zugleich dankbar fragt, womit man sie verdient hat.

Wir können
einander nicht lieben,
wenn die Liebe es nicht so will.
Wir können nicht lernen,
einander zu lieben.
Wir können nur
von der Liebe lernen.

Wer den Zauber der Liebe erleben will, darf sich nicht vor möglichen Gefahren fürchten.
Magische Liebe kann nur in einem angstfreien Raum existieren. Betritt die Angst diesen Raum, verfliegt der Zauber wie ein Traum, und die Angst wird behaupten, daß er auch nur ein Traum war.

Liebe ist frei von Berechnung und stellt keine Bedingungen.

Wer bestimmte Vorstellungen von einem Menschen hat, den er lieben will, sucht nicht die Liebe, sondern die Befriedigung seiner Ansprüche. Wahre Liebe hingegen schwächt die eigene Anspruchshaltung.

Je mehr man an den
geliebten Menschen denkt,
desto weniger denkt man
an sich selbst.
Und warum sollte man auch?
Sich selbst kennt man
ja schon ziemlich gut –
den geliebten Menschen
gilt es zu entdecken.

Wir können von der Liebe lernen, Erwartungen zu überwinden, die uns nur zurückhalten von einem Glück, das unsere Vorstellungen übersteigt.

Seinen Gefühlen vertrauen

Viele Menschen haben großes Mißtrauen gegenüber
ihren eigenen Gefühlen. Bevor sie einem Gefühl
erlauben, sich zu entfalten, betrachten sie es mit den
kritischen Augen des Verstandes. Wenn ihr Verstand
dann zu dem Schluß kommt, daß ihr Gefühl sie ins
Unberechenbare führen wird, unterdrücken sie es.
Sie lassen ihren Kopf entscheiden, was in ihrem
Herzen leben darf oder sterben soll, ohne zu ahnen,
welch großen Schaden sie damit ihrer Empfindungs-
fähigkeit zufügen können.
Wer seine Gefühle der Angst vor der Ungewißheit
opfert, beraubt sich seiner emotionalen Spontaneität
und fördert die Verarmung seines Gemütes. Wer stets
Herr über sich selbst bleiben will, wird immer mehr
innere Freiheit verlieren. So wird jede Freude, jeder
Jubel, jede Hochstimmung im Keim erstickt. Gefühle sind von Natur aus unberechenbar, und wer sie
kontrollieren will, zerstört sie, bevor sie aufblühen.
Hinter diesem Verhalten steht eine große Angst, die
zumeist auf erlittene Kränkungen und Verletzungen
zurückgeht und sich hinter der Maske des Verstandes versteckt.

Wer nicht die Kraft und den Mut aufbringt, trotz enttäuschender Erfahrungen seinen Gefühlen zu vertrauen und ihnen neue Entfaltungschancen zu geben, bleibt an seine emotionale Vergangenheit gekettet und kann die Glücksmöglichkeiten weder erkennen noch nutzen, die ihm von der Gegenwart angeboten werden.

Lieber verschlossen
und gut geschützt
als offen und verletzlich!
Viele scheinen nach
dieser Devise zu handeln.
Und das Leben schüttelt
traurig den Kopf und
geht an ihnen vorbei.

Licht in die Seele lassen

Viele haben sich aufgrund von Verletzungen und Erschütterungen seelisch verschlossen, um sich vor erneuten Kränkungen zu schützen. Aber so halten sie auch Menschen von sich fern, die ihnen Heilung schenken könnten.

Wer die Rolladen der Angst
vor die Fenster gezogen hat,
darf sich nicht wundern,
wenn kein Licht
in das Haus seiner Seele fällt.

Unter seelischem Lichtmangel leidende Menschen sehen in jedem möglichen Helfer eine Bedrohung, eine Gefahr, einen potentiellen Leidverursacher. Doch am meisten leiden sie unter sich selbst – und ihre Furcht vor Offenheit und Vertrauen ist im Grunde Liebesangst, Lebensangst.

Die Menschen,
die dir in deinem Leben
etwas Schlechtes angetan haben,
dürfen dich nicht daran hindern,
die Menschen zu erkennen,
die dir etwas Gutes geben können.
Sonst wirst du
zum Opfer deiner Enttäuschungen
und beraubst dich der Möglichkeit,
deine negativen Erlebnisse
durch positive auszugleichen.

Das Gute zulassen

Daß so manches Gute zwischen zwei Menschen nicht geschieht, liegt oft einfach daran, daß sie es nicht geschehen lassen. Sie halten die Türen des Vertrauens und der Liebe verschlossen, weil sie aufgrund von entmutigenden Erfahrungen befürchten, daß ihnen etwas Schlechtes geschehen könnte, wenn sie sich öffnen. Doch die Angst, sich dem Augenblick und dem anderen Menschen mit Leib und Seele anzuvertrauen, beschneidet die Flügel der Seele und bewirkt emotionale Flugunfähigkeit.
Wir dürfen uns von dieser Angst nicht die Möglichkeiten nehmen lassen, Wunderbares zu erleben. Wir sollten unsere Erfahrungen nicht verdrängen, aber ihnen nicht die Macht geben, uns um das Glück des inneren Fliegens zu betrügen.

Viele Menschen
bleiben ein Schatten dessen,
was sie hätten werden können –
aus Angst vor dem Leben,
Angst vor sich selbst,
Angst vor der Liebe.

Wer die Liebe liebt, dem bleibt das Leid nicht erspart, das sie erzeugen kann. Doch wir sind dem Liebeskummer nicht hilflos ausgeliefert, sondern können ihn mit der Zeit überwinden.

Es ist wichtig, ein guter Verlierer zu sein, denn in der Liebe ist manchmal auch Wertvolles zum Mißlingen verurteilt.

Wir sollten das Unglück des Scheiterns hinnehmen, ohne uns dadurch die Fähigkeit rauben zu lassen, das Glück des Gelingens zu genießen, und immer unseren Sehnsüchten treu bleiben.

Unsere Träume,
unsere Sehnsüchte
und bunten Hoffnungen
wollen ernst und wichtig
genommen werden.
Wer sie verdrängt,
unterdrückt das Beste in sich
und wird ein hohler Mensch.

In jedem schönen Moment aufgehen

Fragen wir uns, wie wir unsere verbleibende Lebens-
zeit verbringen würden, wenn wir in einigen Tagen
sterben müßten! Haben wir uns diese Frage beant-
wortet, vergleichen wir, wie wir unsere verbleibende
Zeit gestalten würden, mit der Art, wie wir unsere
vergangenen Tage gestaltet haben!
Damit kennen wir die Antwort auf die Frage, wie
weit wir an unserem Wunschleben vorbeigehen.
Vielleicht, weil wir unsere Erkenntnisse nicht kon-
sequent genug in Taten umsetzen und unsere guten
Vorsätze immer wieder auf ein Morgen vertagen, aus
dem allzu oft ein Übermorgen wird?

Umarme die Gegenwart.
Laß dich in den Augenblick fallen.
Und das Morgen wird zum Heute,
das Irgendwo und Irgendwann
zum Hier und Jetzt!

Nur auf dem schmalen Grat zwischen Vergangenheit
und Zukunft, den wir Gegenwart nennen, können wir
wirkliches Leben, echte Freude und wahres Glück
finden.
Binden wir uns nicht zu sehr an das, was vergangen
ist, und kümmern wir uns nicht zu sehr um das, was
noch nicht geschehen ist!
Im intensiven Genuß der Gegenwart liegt ein Ge-
schmack von Ewigkeit.

*Es gibt eigentlich
keine größere Weisheit,
als in jedem schönen Moment,
den das Leben uns schenkt,
so aufzugehen,
als sei er der letzte.*

Durch die Geheimtüren gehen

Vergessen wir alle vergeudeten Stunden und grauen Tage! Sie sind Schnee von gestern.

Im Hier und Jetzt befindet sich die Tür zum Glück. Nicht selten ist sie eine Geheimtür, die wir auf den ersten Blick nicht erkennen. Darum sollten wir so tief wie möglich in den Augenblick schauen, denn manches Schöne und Wertvolle versteckt sich gern, entzieht sich oberflächlicher Wahrnehmung.

Tiefsicht ist eine sehr kostbare Fähigkeit. Sie entwickelt sich am besten in der Muße, in einem Klima innerer Ruhe und äußerer Freiheit.

Gestalten wir unser Leben so, daß es der Tiefsicht möglichst viel Raum zur Entfaltung läßt, denn in der Tiefe liegen die größten Lebensschätze!

Begeben wir uns auf Schatzsuche, gehen wir durch die Geheimtüren des Augenblicks!

Nehmen wir die verborgenen Geschenke wahr, die das Leben uns machen will, und nehmen wir sie dankbar an!

Routine und Gewohnheit stumpfen die Wahrnehmung ab. Achten wir darauf, daß unsere Tage
nicht zu gleichförmig vergehen, sorgen wir für
Abwechslungen! Verlassen wir immer wieder die
Trampelpfade geregelter Abläufe, um uns auf neues
Terrain zu begeben, wo wir uns nicht auf bewährte
Erfahrungen und Verhaltensmuster stützen können,
sondern zur Geistes- und Seelengegenwärtigkeit
angeregt werden.

*Laß dich nicht
von vorschnellen Urteilen verführen,
schränke deine Wahrnehmung nicht
mit dem besserwisserischen Blick
der Lebenserfahrung ein.
Sei geistesgegenwärtig!
Erlebe den Augenblick
mit offenem Herzen und wachen Sinnen,
damit du seine Bedeutung erkennst.*

Sich seine Lebensfreude erhalten

Die Erfahrung lehrt uns, nicht zuviel von Entwicklungen zu erwarten, die sich nicht einschätzen lassen.

Man sollte seine Freude genießen, wenn die Sonne des Gelingens strahlt, aber den Kopf nicht hängen lassen, wenn der Regen des Scheiterns fällt.

Es ist ratsam, die Dinge so zu akzeptieren, wie sie kommen, sich dem Fluß des Geschehens anzugleichen und zu versuchen, jedem Ereignis und jeder Entwicklung das Bestmögliche abzugewinnen.

Um glücklich zu sein,
muß man das Gute
im Schlechten sehen
und das Schlechte
im Guten übersehen.

Diese Haltung kann uns helfen, Unzufriedenheiten und Enttäuschungen, die uns Kraft und Lebensfreude rauben wollen, zu vermeiden oder zumindest zu verringern.

Um sich seine Lebensfreude zu erhalten, muß man
Enttäuschendes und Trauriges als dazugehörigen
Teil des Ganzen akzeptieren – als den Regen, ohne
den es keinen Regenbogen geben würde.

Freue dich nicht
allzusehr auf Ereignisse,
die vielleicht nicht eintreten.
Fürchte dich nicht vor Problemen,
die vielleicht nicht entstehen.
Laß die Zukunft auf dich zukommen.
Öffne die Tür, wenn du vor ihr stehst.

Sich der schönen Situation hingeben

Wer sich gern seinen Gefühlen hingibt, wird manchmal abwertend als sentimental bezeichnet, in der Regel von Personen, die sich durch Gefühlsarmut und Kopflastigkeit auszeichnen.

Doch je mehr man empfindet, desto mehr spürt man, daß man lebt. Ein Leben, das man nicht in seiner ganzen Fülle, seinem ganzen Reichtum an Möglichkeiten fühlt, ist ein beschränktes, in weiten Teilen ungelebtes Leben.

Je mehr Blumen
im Garten deiner Gefühle blühen,
desto schöner duftet deine Seele.

Wie überwältigend weit und nuancenreich ist das Spektrum der Empfindungen, die zwei füreinander offene Menschen dem Leben entlocken können, wenn sie sich die vielschichtigen Zauberreiche der Zuneigung und der Freude am Geben erschließen und sich in ihnen behutsam bewegen. Mit Augen, die alles, was ihnen begegnet, zum ersten Mal sehen, mit Händen, die eins werden mit dem, was sie berühren!

Sich der schönen Situation
ohne Zögern hingeben.
Aus dieser Hingabe
entsteht Intensität,
erwächst Magie,
die uns auf eine Ebene trägt,
wo in jedem Augenblick
das Glück berührbar ist.

Sich von Schönheit beflügeln lassen

Mancher seelische Impuls ist nicht zu erklären oder in Worte zu fassen, aber so unwiderstehlich, daß wir ihm einfach folgen müssen. Das Geschehen zu erleben, zu dem es uns hinzieht, ist wichtiger, als es zu verstehen oder einzuschätzen. Vieles im Leben ist mysteriös, und oft ist gerade das Geheimnisvollste auch das Schönste.

Niemand sollte sich von wertvollen Erlebnissen abbringen lassen, weil der Verstand sie nicht begreifen oder einordnen kann. Wer immer nur auf Nummer Sicher geht, findet mit Sicherheit nicht die größten Kostbarkeiten des Lebens.

Skeptische Blicke
finden überall Mängel.
Nur vertrauensvollen Augen
offenbart das Leben
seine ganze Schönheit.

Wie armselig wäre das Leben ohne die Schönheit, die nicht nur das Auge entzückt, sondern auch das Gemüt! Das freudige Erleben der Schönheit ist mehr als nur Trost, mehr als nur Entschädigung für das Häßliche in der Welt: Es befreit uns von den Fesseln des Alltäglichen und öffnet unsere Sinne für das Wundervolle.

In welcher Form sie uns auch begegnet: Schönheit beflügelt und stärkt unsere Liebe zum Leben. Darum gilt es, sie täglich aufs neue zu suchen. Dazu brauchen wir nicht einmal vor die Haustür zu gehen.

Wenn keine Schönheit,
keine Freude und kein Glück
tief in dir selbst,
in deiner eigenen Seele sind,
wirst du sie nirgendwo
auf dieser Welt finden.

Ganz Auge und Ohr sein

Die Vergangenheit ist gestorbenes, die Zukunft noch nicht geborenes Leben. Allein die Gegenwart hält lebendiges Sein für uns bereit, wenn wir ihr ohne Vorbehalte und Vorurteile begegnen und uns ihr anvertrauen. Offene Gegenwärtigkeit ist der einzige Weg zur Wirklichkeit, zu uns selbst, zu den anderen.

Jeder neue Tag
ist eine neue Chance,
sich selbst zu begegnen,
bei sich zu bleiben
und mit sich zu gehen.
Jeder neue Tag
ist eine neue Chance,
sich zu finden,
in sich fündig zu werden,
aus sich heraus zu geben.

Seien wir mit Körper, Geist und Seele ganz gegenwärtig, nehmen wir jeden schönen Augenblick wahr und umarmen ihn!

Betrachten wir eine Blumenwiese, lassen wir in unserem Bewußtsein nichts anderes als diese Wiese existieren – seien wir ganz Auge! Hören wir gute Musik, geben wir uns ihr völlig hin – seien wir ganz Ohr! Umarmen wir einen geliebten Menschen, werden wir zu dieser Umarmung – seien wir ganz Liebe! Dann fehlt es uns an nichts, denn die Zeiten, in denen wir uns mit etwas Wunderbarem vereinen, machen uns wunschlos glücklich.

Sich empfänglich für Gutes halten

Unser Leben wird durch die Entscheidungen geprägt, die wir treffen, und durch die Prioritäten bestimmt, die wir setzen.

Wir sollten lieber schätzen, was wir haben, als zu bedauern, was uns fehlt; lieber die allumfassende Unsicherheit akzeptieren, als uns in trügerischer Sicherheit zu wiegen; lieber unsere Wünsche reduzieren, als an ihrer Unerfüllbarkeit zu leiden; lieber versuchen, den Sinn des eigenen Lebens zu verstehen als den Unsinn des Weltgeschehens.

Wenn es einen Sinn
in unserem Leben gibt,
dann kann er doch
nur darin bestehen,
aus dem Dunkel
ins Licht zu gehen,
aus der Schwere
in die Leichtigkeit,
aus der Sehnsucht
in die Erfüllung.

Wir dürfen nie unsere Begeisterungsfähigkeit verlieren, denn sie gibt dem Leben Freude, Schwung und Farbe.
Wie öde ist das Innenleben eines Menschen, der nichts Inspirierendes an sich heranläßt, dessen Augen nicht strahlen können, dessen Herz vor Freude nicht lachen kann!
Es gilt, sich gegen die allgegenwärtigen Viren der Verschlossenheit und Gleichgültigkeit zu immunisieren – und sich empfänglich zu halten für alles Gute, das uns das Leben anbietet. Und wenn es uns geschenkt wird, sollten wir es teilen und weitergeben, damit es auch andere inspiriert und erfreut.
Indem wir Gutes schenken, steigern wir seinen Wert und seine Wirkung.

Sich gegenseitig beschenken

Wem Lebensfreude in die Wiege gelegt wurde, der
sollte sie gegen alle Angriffe und Übergriffe verteidi-
gen, denn er besitzt mit ihr einen Schatz, der durch
nichts aufzuwiegen ist.
Wie die Liebe vermehrt sich auch die Lebensfreude,
wenn sie verschenkt wird. Deshalb kommt es darauf
an, sie zu teilen, vor allem mit Menschen, die Gutes
mit Gutem erwidern, Vertrauen mit Vertrauen be-
antworten und keine Furcht vor Offenheit haben.
Mit Menschen, die wissen, daß im Glück seelischer
Nähe zueinander die größten Schätze liegen, die wir
uns gegenseitig schenken können.

Freude ist
ein sonniges Lächeln,
das plötzlich entsteht
in der Nähe eines Menschen –
und man hält
mitten im Satz inne,
weil die Worte nur
den Sinn hatten,
dieses Lächeln
hervorzulocken.

Wer sich am Leben erfreut und der Liebe vertraut,
dem Quell der höchsten Glücksgefühle, läuft keine
Gefahr, seine Erlebnisfähigkeit einzuschränken.
Je mehr wir lieben, desto mehr leben wir.

Jeder zärtliche Blick,
jede intensive Umarmung,
jede liebevolle Begegnung
zwischen zwei Menschen
ist ein Sieg über Angst,
Enttäuschung und Mißtrauen.

Dem Unsagbaren lauschen

Wirkliche Liebe ist eine so überzeugende Kraft, daß wir ihr bedenkenlos unser Vertrauen schenken, wenn sie uns ergreift.

Im Bann der Liebe fragen wir uns nicht, ob das Stück vom Kuchen, das wir bekommen, groß genug ist. Wir stehen über kleinlichen Bedenken. Gegen die Macht wahrer Liebe hat die Selbstsucht keine Chance.

Wir müssen unseren Egoismus ablegen können wie einen Mantel, wenn wir die Liebe besuchen – sonst umarmt sie uns nicht.

Je kleiner dein Egoismus wird,
desto größer wird deine Liebe.
Die wunderbarsten Augenblicke
deines Lebens geschehen,
wenn dein Ich ganz klein ist.
Und am glücklichsten bist du,
wenn du es nicht mehr wahrnimmst,
wenn du im Zauber des Glücks ichlos bist.

In den wunderbarsten Momenten der Liebe öffnen sich die Türen zu den höchsten Erkenntnisräumen der Seele, wo wir eins werden mit einer leuchtenden, bedeutungsvollen Stille, die uns mehr sagt als alle Worte der Welt.
Antworten auf unsere tiefsten Fragen an die Liebe finden wir nicht dort, wo Sprache herrscht, sondern jenseits der Grenzen der Worte – im Unsagbaren.

Das Wunderbare geschieht immer
jenseits der Grenzen der Sprache.
Versucht man, es zu beschreiben,
ist es, als würde man
Wasser in einem Sieb tragen.
Wenn man Glück hat,
bringt man ein paar Tropfen ans Ziel.

Die Liebe unseres Lebens erkennen

Gesetzt den Fall, es gibt den Mann oder die Frau unseres Lebens, wie erkennen wir ihn oder sie? Wohl nicht an der körperlichen Erscheinung, auch wenn es zunächst Äußerlichkeiten sind, die uns auf eine Person aufmerksam machen: ihr Gesicht, ihre Figur, ihr Gang, ihre Stimme. Den wichtigsten Menschen unseres Lebens erkennen wir nur mit unserer Seele. Dafür müssen wir uns ihm innerlich öffnen, trotz aller Risiken, die wir damit eingehen, trotz aller Enttäuschungen, denen wir uns dabei aussetzen.
Ein Indiz dafür, daß wir die Liebe unseres Lebens gefunden haben, ist ein überraschendes Wohlgefühl.

Die wichtigsten Menschen
in deinem Leben
erkennst du daran,
daß du dich gleich
in ihrer Nähe wohlfühlst,
als würdest du sie
schon gut kennen –
und daß sie dieses Empfinden
mit dir teilen.

Doch ein Indiz ist noch kein Beweis. Der Beginn
eines Liebesweges sagt zwar manches, doch nicht
genug über seinen Verlauf aus. Wohin er führt und
ob er die Hoffnungen und Sehnsüchte der Reisenden
erfüllt, wissen wir nicht bereits nach Tagen, Wo-
chen oder Monaten, auch wenn es uns manchmal so
erscheinen mag. Um echte Gewißheit zu erlangen,
bedarf es Jahre, manchmal sogar Jahrzehnte.
Die Zeit muß unser Gefühl bestätigen, so daß wir die
Liebe unseres Lebens manchmal nicht so schnell
erkennen können, wie wir es uns wünschen.

Grenzenlosigkeit wagen

Schickt das Schicksal uns einen Menschen, den wir liebgewinnen könnten, sollten wir ihn nicht abschrekken, indem wir von vornherein Grenzen ziehen, auf welcher Ebene auch immer.

Unsere Weigerung, ihm bestimmte Bereiche unseres Wesens zu öffnen, kann sein Interesse an uns reduzieren oder zerstören.

Wer möchte schon gern eine seelische Landschaft erkunden, in der ihm schon nach den ersten Schritten Verbotsschilder oder Zäune zeigen, daß er einen Menschen mit Angst vor einer freien Begegnung vor sich hat?

Bevor ein Liebeszauber
zwischen zwei Menschen
sich entfalten kann,
müssen sie bereit sein,
ihre Blicke ohne Angst
ineinander sinken zu lassen –
zeitlos, grenzenlos.

Der Beginn einer Liebe ist von größter Bedeutung,
allein schon deshalb, weil sie keine Geschichte hat.
Noch ist kein Vertrauen geschädigt, keine Hoffnung
enttäuscht, kein Gefühl verletzt worden.
Darum seien wir sensibel und behutsam bei unseren
ersten Begegnungen mit einem Menschen, der uns
einmal viel bedeuten könnte! Seien wir grenzenlos,
damit sich keine Tür verschließt, die sich nicht wieder öffnen läßt!
Im Anfang einer Liebe wirkt eine Magie, die nicht
gestört oder zerstört werden darf, denn sie kann uns
die schönsten Erlebnisse und tiefsten Einsichten
unseres Lebens schenken.

Einen wertvollen Menschen
muß man von Anfang an
wie einen solchen behandeln,
sonst könnte man ihn verlieren,
bevor man ihn gefunden hat.

Für die Liebe leben

Wir dürfen die Liebe, die jemand für uns empfindet, nie für selbstverständlich halten. Sie kann uns entzogen werden, wenn wir uns ihres hohen Wertes nicht bewußt sind und wir den Menschen, der sie uns schenkt, zu sehr oder zu oft mißachten oder verletzen.

Alles Kostbare, das jemand uns gibt, kann sich nur dann ganz entfalten, wenn wir seinen besonderen Wert erkennen und Gutes mit Gutem erwidern. Oder noch besser – mit Besserem.

Auch die Liebe, die wir für jemanden empfinden, ist nicht gegen die Vergänglichkeit gefeit. Es kann passieren, daß sie mit der Zeit nachläßt und vielleicht sogar erlischt, auch wenn wir unser Bestes geben, um sie am Leben zu erhalten. Selbst die stärksten emotionalen Farben können verblassen, selbst die wärmsten Gefühle können sich abkühlen.

Dennoch – oder gerade deshalb: Leben wir für die Liebe, stehen wir zu ihr, gehen wir in ihr auf!

Liebst du die Freiheit,
mußt du dich
mit der Einsamkeit anfreunden.
Liebst du die Liebe,
mußt du dich
mit dem Verlust anfreunden.
Liebst du das Leben,
mußt du dich
mit der Vergänglichkeit anfreunden.

Der Liebe vertrauen

Für viele besteht Liebe vor allem darin, geliebt zu werden. Selbst zu lieben macht ihnen angst. Es ist ihnen zu gefährlich, denn es bedeutet, sich der Gefahr auszusetzen, gedemütigt und verletzt zu werden. Es scheint ihnen klüger, sich lieben zu lassen, aber selbst auf emotionalem Sicherheitsabstand zu bleiben und ihre innere Unabhängigkeit nicht aufzugeben.

Doch diese Menschen zahlen einen hohen Preis für ihre vermeintliche Klugheit: den Verzicht auf tiefe Liebe.

Jemanden zu lieben heißt,
ihm eine gewisse Macht
über uns zu geben.
Das erfordert Mut,
Optimismus und Vertrauen.
Wer dies nicht aufbringt,
wird niemals wirklich
tiefe Liebe erleben.

Zwei Menschen, die wirkliche Liebe zueinander empfinden, überwinden die Angst vor den Gefahren der Offenheit und Verletzlichkeit. Ihr Vertrauen öffnet ihnen die Tür zu einem Glück, das den allzu Vorsichtigen und Ängstlichen verwehrt bleibt.

Im Meer der Liebe
kannst du nur schwimmen,
wenn du bereit bist,
alle Ängste abzulegen,
vor allem die Angst
vor dem Ertrinken.

Frei von Erwartungen sein

Warum scheitern so viele Liebesbeziehungen? Wohl nicht, weil Männer und Frauen von Natur aus so unterschiedlich sind, daß sie langfristig nicht in Harmonie miteinander leben können. Es ist nicht die Verschiedenheit, sondern eher eine Gemeinsamkeit von Männern und Frauen, die ihre besten Gefühle füreinander immer wieder gefährdet und oft zerstört: die Einstellung, mehr Liebe zu beanspruchen, als man selbst zu geben bereit oder fähig ist.
Kein Wunder, daß die Liebe sich dieser Haltung verweigert, denn sie kann sich nur im Gleichgewicht zwischen Geben und Nehmen entfalten.
Wir dürfen in der Liebe nicht zu viel voneinander erwarten. Zu hohe Erwartung erzeugt Probleme – das Unverhoffte schenkt Lösungen.

Sei frei,
wenn du der Liebe begegnen willst,
frei von Erwartungen,
Vorstellungen und Ansprüchen.
Liebe ist in ihrem innersten Kern
eine völlige Überraschung.

Wenn wir der Liebe immer ihre Freiheit lassen und nie versuchen, ihr unseren Willen aufzuzwingen, werden wir erleben, daß Dinge geschehen, die schöner und bedeutender sind, als unser Wille sie sich hätte vorstellen können.

Erwartest du nichts
vom anderen,
machst du es ihm unmöglich,
dich zu enttäuschen.
Gibt er dir wenig,
bist du zufrieden.
Gibt er dir viel,
bist du glücklich.
Gibt er dir nichts,
ist es auch in Ordnung –
schließlich hast du
nichts erwartet.

Sich ins Wunderbare führen lassen

Liebe wird oft mit Skepsis beäugt, von Ängsten behindert oder verhindert – und manchmal sogar gänzlich geleugnet, als Wunschvorstellung naiver Gemüter abgetan.

Liebe ist eine Fremde in einer von Zweckdenken und Sachlichkeit beherrschten Welt, sie hat keine Heimat in ihr, braucht sie aber auch nicht, denn sie ist sich selbst Heimat.

Und wer sich nur einmal mit ganzer Seele der Liebe hingegeben hat, für den ist sie Heimat bis ans Ende seiner Tage.

Liebe kommt zu dem, der liebt.
Freude schenkt sich dem, der Freude gibt.
Schönes begegnet dem, der Schönheit ausstrahlt.
Die Liebe meidet den Lieblosen.
Die Freude macht einen Bogen um den Freudlosen.
Die Schönheit scheut die Menschen,
die sie nicht selbst in sich tragen.

Liebe ist eine magische Kraft, die uns zu besseren Menschen machen kann. Sie führt uns aus dem Alltäglichen ins Wunderbare, wo Traum und Wirklichkeit zu einem höheren Sinn verschmelzen, dessen Zauber uns mit Glückseligkeit erfüllt.

Jeder Augenblick,
in dem zwei Seelen
sich füreinander öffnen,
ist ein wunderbares Licht
in einer Welt,
die dunkel ist
vor Lieblosigkeit.

Bei uns selbst anfangen

Wir schulden einander Verständnis, Mitgefühl und Wohlwollen, aber vergessen das manchmal. Wir beweisen Selbstbewußtsein und Durchsetzungsvermögen und vergrößern damit unsere Unterlassungsfehler. Wir streiten uns über Dinge, die wir mit einem Schmunzeln abtun könnten.

Wer unser aller Zusammenleben verbessern will, muß bei sich selbst anfangen, muß sich selbst verbessern. Nichts ist überzeugender als ein lebendiges Beispiel. Nichts inspiriert uns so sehr zur Liebe wie ein Liebender. Nichts erweckt und fördert unser Mitgefühl so gut wie ein mitfühlender Mensch. Nichts macht uns so zärtlich wie eine zärtliche Hand.

Je mehr Gutes du gibst,
desto mehr Gutes kannst du empfangen.
Je mehr Gutes du empfängst,
desto mehr Gutes kannst du geben.

Nur wer mit sich selbst liebevoll umgeht, kann auch anderen Liebe geben. Wer sich nicht so annimmt, wie er ist, wird auch an seinen Mitmenschen immer etwas auszusetzen haben. Er wird sie ablehnen, weil er sich selbst nicht akzeptieren kann.
Die Liebe zu sich selbst ist die Basis der Liebe zu anderen Menschen.
Der Egoist liebt sich zwar auch, aber er kann keine Liebe geben, er will nur geliebt werden. Er miß-braucht alle Liebe, die ihm geschenkt wird, um sein Ego damit zu füttern. Er ist der Star, die anderen sind nur das Publikum. Und wer ihn auspfeift, den sortiert er aus.

Wenn die Erde der Liebe
von Egoismus vergiftet ist,
werden aus ihr nur noch
sehr kümmerliche oder
kranke Pflanzen wachsen.

In innerem Frieden leben

Bevor wir in sicherem Frieden mit anderen Menschen leben können, müssen wir lernen, mit uns selbst in Frieden zu leben. Solange noch Kämpfe in uns toben, werden wir in sinnlose, kraftraubende Streitigkeiten mit anderen Menschen geraten, denn innerer Unfrieden wird immer nach außen drängen.

Frieden ist nicht
nur die Abwesenheit
von Kampf, Streit und Krieg,
sondern vor allem
die Anwesenheit
von Verständnis und Mitgefühl,
Sympathie und Harmonie.
Frieden ist eine Kunst,
die im Herzen
eines jeden Menschen
keimt und wächst
und deren Frucht
Liebesfähigkeit heißt.

Wenn wir in Harmonie mit uns selbst leben und
unsere inneren Konflikte konstruktiv und gelassen
lösen, werden auch unsere Beziehungen zu anderen
Menschen aufbauend und friedlich sein.
Und wer einen sinnlosen Kampf mit uns sucht, findet
keinen Boden in uns, auf dem er streiten kann.

Wer glücklich ist,
kennt keinen Neid.
Wer in sich zu Hause ist,
dem liegt Mißgunst fern.
Wer mit sich in Frieden lebt,
legt keinen Wert auf Streit.

Das Glück der Ichvergessenheit erleben

Zu große Selbstsucht schließt jede höhere Form der
Kommunikation aus. Wer im Umgang mit anderen
Menschen in erster Linie auf seinen eigenen Vorteil
achtet, ist unfähig zur Entfaltung und Pflege wahrer
Freundschaft und tiefer Liebe, die immer wieder ein
gewisses Maß an Ichvergessenheit erfordern.
Egoismus maskiert sich gern, um sein wahres Gesicht zu verbergen – und manchmal gibt er sich als
etwas aus, das er überhaupt nicht ist.

Manche reden immer
von ihrer Freiheit –
und meinen ihre Angst
vor einer Liebe,
die größer werden könnte
als ihr Egoismus.

Wer, wenn es darauf ankommt, das Wir nicht über das Ich stellen kann, bleibt in den Mauern seiner Ichbezogenheit gefangen und kann das Glück der Selbstvergessenheit nicht erleben.

Allzu großer Egoismus
ist eine chronische Krankheit,
die das Erkennen tiefer Wahrheit
und das Erleben wahrer Liebe verhindert.

Man sollte sich nie vom Egoismus dazu verführen lassen, auf die wertvollsten Erkenntnisse und schönsten Gefühle zu verzichten, die das Leben zu schenken hat.

Ohne Worte kommunizieren

Wir leben in einer redseligen Welt. In dieser verbalen Überproduktion ist die Fähigkeit, gemeinsam zu schweigen, beinahe verlorengegangen.

Doch gerade dort, in der miteinander geteilten Stille, liegen die größten seelischen Kostbarkeiten, die wir miteinander entdecken und einander schenken können.

Worte können Masken sein, hinter denen man verstecken kann, was man fühlt oder denkt. Doch in der Stille ist man authentisch, denn das Schweigen kann sich nicht verstellen, kann nicht lügen.

Um einem Menschen
wirklich nahezukommen,
genügt es nicht,
mit ihm zu sprechen.
Du mußt auch
schweigend mit ihm reden können.

Worte können vervielfältigt werden, das Schweigen ist immer einmalig, einzigartig. Es kann mehr bedeuten als alle Worte der Welt. Es stellt keine Fragen, es gibt Antworten.

Das gemeinsame Schweigen ist eine ebenso unterschätzte wie kostbare Form der Kommunikation. Der Austausch von Worten verhindert oft nur das Erleben des Glücks, das geteilte Schweigen fördert es.

Über den Wolken
der Sprache gibt es
einen wunderbaren Himmel
des Schweigens,
den nur die Seele kennt,
die keine Angst
vor dem Fliegen hat.

Erkenntnisse wirksam werden lassen

Freundlichkeit sollte unser Verhalten lenken, denn in jedem Fremden verbirgt sich ein möglicher Freund, der Respekt und Toleranz verdient. Wenn jeder den anderen so behandeln würde, wie er selbst behandelt werden möchte, lebten wir in einer weitaus besseren Welt.

Auch wenn wir noch so unterschiedlich sind: Warum bekämpfen wir uns, wenn wir in Frieden miteinander leben könnten? Warum betrachten wir uns mit Vorurteilen, wenn wir viel voneinander lernen könnten? Warum feilschen wir miteinander, wenn wir uns beschenken könnten?

Das ist kein Traum – das wäre ein Erwachen!

Nur Wärme
kann Wärme erzeugen.
Nur Offenheit
öffnet die Herzen.
Nur Freundlichkeit
befreit den Alltag
von seiner Alltäglichkeit.

Wer eingesehen hat, daß Liebesmangel eine Wurzel
des Übels in der Welt ist, aber in seinem eigenen
Leben lieblos handelt, hat eine fruchtlose Einsicht.
Wer erkannt hat, daß es in der Welt an Mitgefühl
mangelt, sich aber herzlos gegenüber Menschen
verhält, die Hilfe benötigen, hat eine wirkungslose
Erkenntnis.

Alles Gute,
das du erkannt hast,
wird erst dann
lebendig und bedeutend,
wenn es in dein Herz
und in deine Seele gesunken ist –
und von dort aus wirkt.

Immer bereit für Veränderungen sein

Wir leben in einer Welt des Schubladendenkens und Etikettenaufklebens und können nicht verhindern, daß andere uns vorschnell Etiketten aufdrücken und in Schubladen stecken. Aber wir können uns bewußtmachen, daß die Meinungen, die man von uns hat, nur sehr geringen Einfluß auf unser persönliches Lebensglück haben. Und wir können dafür sorgen, daß die Bilder, die man sich von uns macht, nicht auf unser Selbstverständnis abfärben.

Wer es sich
in den Schubladen
häuslich einrichtet,
in die er gesteckt wurde,
hat sich selbst schon
zu den Akten gelegt.
Lebendig bleiben heißt,
immer für eine
Überraschung gut zu sein,
anderen gegenüber
wie sich selbst.

Wir dürfen von unseren Mitmenschen nicht erwarten, daß sie uns immer so sehen, wie wir wirklich sind. Jeder kann im anderen letztlich nur das gut erkennen, was er in sich selbst hat.

Aber von uns sollten wir eine gute Selbstkenntnis erwarten und dabei immer bereit für Veränderungen sein. Denn wir sind Leben, und Leben ist in ständiger Verwandlung begriffen.

Deshalb dürfen wir nie die Pflege und Entwicklung unserer Intuition vernachlässigen, die uns – besser als unser Verstand – zu erkennen hilft, wann, warum und wie wir uns verändern müssen.

Höre immer
auf deine innere Stimme,
wenn du den Weg gehst,
der dich ans Ziel
deiner Wünsche bringen soll.
Und wenn du dich
manchmal einsam fühlst,
erinnere dich daran,
daß du dein eigener Freund bist.

Ein wahrer Freund sein

Ein Freund ist ein seelischer Verwandter, ein Vertrauter, mit dem uns eine gemeinsame Art des Empfindens und Denkens verbindet, in dessen Gegenwart wir uns gut fühlen. Unser Freund zeigt uns immer aufs neue, wieviel Wohlwollen, Wärme und Wahrhaftigkeit zwischen zwei Menschen möglich ist.
Freunde beschenken sich gegenseitig mit ihrem bloßen Zusammensein. Ob sie miteinander reden oder schweigen: Sie schaffen einen freien Raum, eine eigene Welt, in der viel Gutes, Wertvolles entstehen und geschehen kann.

Einen wirklichen Freund,
eine wahre Freundin
können wir nicht verlieren;
sie sind uns sicher
wie das eigene Wesen.
Verlieren können wir
nur die Illusionen,
die wir uns über
andere Menschen machen.

Manche Menschen behaupten, daß es keine Freundschaft mehr gäbe, wenn Freunde sich gegenseitig
sagen würden, was sie voneinander denken – also
die Wahrheit. Aber Freundschaft, die immer neuer
Lügen, Heucheleien und Ausflüchte bedarf, um sich
zu erhalten, hat ihren Namen nicht verdient.
Freundschaft erträgt die Wahrheit nicht nur, sie
braucht sie sogar zu ihrer Entfaltung. Wer einem
Freund nicht offen sagen kann, was in seinem Kopf
und seinem Herzen vorgeht, hat keinen Freund,
sondern allenfalls einen Bekannten.

Freundschaft scheint
für manche Menschen kaum mehr
als ein Zweckverhältnis zu sein,
in dem man sich gegenseitig
Gefälligkeiten erweist,
ohne sich dafür
Rechnungen auszustellen.

Ein glücklicher Finder sein

Genuß ist die intensive Wahrnehmung und freudige Aufnahme aller Geschenke, die das Leben uns macht – und die wir uns selbst machen.

Nicht umsonst sagt man: Wer nicht genießt, wird ungenießbar. Tatsache ist: Wer nicht zu genießen versteht, ist anfälliger für Krankheiten und hat eine geringere Lebenserwartung, weil ihm die wichtige Entspannung fehlt, die der Genuß mit sich bringt und nach sich zieht.

Wir sollten an keiner Chance vorbeigehen, das Leben auszukosten. Es ist voller schöner Erlebnismöglichkeiten.

Hinter den Kulissen
des Alltäglichen
sind kleine Wunder versteckt,
die auf glückliche Finder warten.

So egoistisch der Genuß auf den oberflächlichen
Betrachter auch wirken mag – er hat durchaus etwas
Gemeinnütziges. Denn der Genießer strahlt Behagen
aus und eine Entspanntheit, die sich auf alle Men-
schen übertragen kann, die sie wahrnehmen. Seine
Nähe ist angenehm, seine Ausstrahlung kann eine
Wohltat sein.

Wenn wir nicht
mehr denken können,
weil wir so sehr
das Leben genießen,
das uns durchströmt –
sind wir dann nicht
undenkbar glücklich?

Seine Lebenswünsche verwirklichen

Es gibt zwei Arten, sein Lebensglück zu verfehlen: Unmögliches erzielen zu wollen und Mögliches nicht zu erreichen. Manche Menschen erwarten zuviel vom Leben und leiden darunter, es nicht zu bekommen. Andere begnügen sich in falscher Bescheidenheit mit zu wenigem und bleiben unter ihren Möglichkeiten.

Es gilt, den goldenen Mittelweg zu finden, realisierbare Träume und Ansprüche zu erkennen und zu verwirklichen.

Solange deine Sehnsucht lebt,
solange deine Träume glänzen,
solange deine Wünsche leuchten,
lebst du, glänzt du, leuchtest du.

Viele Menschen tun ihre Sehnsüchte und Wünsche, die sie im Lauf der Jahre aufgegeben haben, als entlarvte Illusionen ab. Sind sie aufgewacht – oder eingeschlafen? Sind sie realistisch geworden – oder resignativ? Haben sie sich gut angepaßt – oder nicht gut genug aufgepaßt?

Gib dich nicht
mit dem zufrieden,
was dich nicht befriedigt.
Finde dich nicht
mit dem ab,
was du nicht gesucht hast.
Beschränke dich nicht
auf das,
was dich beschränkt.
Gewöhne dich nicht
an das,
was dich gewöhnlich macht.

Dem Glück ein guter Gastgeber sein

Unsere Sehnsucht nach dem Glück ist ein guter Wegweiser, der uns zu dem führt, was unsere Seele braucht. Deshalb sollten wir dieser Sehnsucht vertrauen, auch wenn sie uns auf einen Weg leitet, den wir noch nie gegangen sind.

Nichts ist vergleichbar mit dem Glück. Es ergreift unser ganzes Wesen, durchdringt es mit Wärme, Freude und Licht und hebt uns auf eine höhere Seinsebene. Es erfüllt das Leben mit Lebendigkeit und die Seele mit Seligkeit.

Richten wir das Haus unseres Lebens so ein, daß uns das Glück gern besucht! Und wenn es kommt, behandeln wir es wie einen Gast, von dem wir uns wünschen, daß er so lange wie möglich bleibt!

Wenn du das Glück
in deinem Leben
halten willst,
zeige ihm jeden Tag,
wie sehr du es liebst.

Jedes Glück braucht zu seiner Entfaltung unsere Bereitschaft, sich ihm zu öffnen, wann und wo immer es auch kommt. Haben wir Angst vor dem Fliegen, weil wir den Absturz fürchten, werden wir an den Boden unserer Erlebnismöglichkeiten gefesselt bleiben. Deshalb gilt es, alle Hindernisse aus dem Weg zu räumen, die uns daran hindern, das Glück zu umarmen.

Du hast erst dann die Chance,
glücklich zu sein,
wenn du glücklich sein willst.
Solange du in deine Probleme,
deine Unzufriedenheit und
Enttäuschungen verliebt bist,
wird das Glück dich meiden.

Den Reichtum der eigenen Seele erkennen

Wer das Glück finden will, darf es nicht suchen. Zielstrebigkeit verengt das Bewußtsein, richtet es zu sehr auf das zu Erreichende. Um Glück zu erleben, bedarf es eines weiten Bewußtseins, das frei ist von Streben, Erwartung und Berechnung.

Wenn wir das Glück suchen, gleichen wir dem Mann, der überall im Haus verzweifelt nach seiner Brille Ausschau hält, ohne zu merken, daß sie auf seiner Nase sitzt.

Die tiefe und erfüllende Lebensfreude, die wir in der Außenwelt vermuten, wartet in unserer Innenwelt wie ein verborgener Schatz, den wir nicht in der Ferne finden, sondern in unserer Seele.

Das Glück liegt nicht in Ländern, die wir noch nicht bereist haben, nicht in Menschen, denen wir noch nicht begegnet sind, sondern in uns selbst, im Reich und Reichtum unserer Seele. Wir brauchen nur dort zu bleiben, wo wir schon sind, und unsere inneren Sinne zu öffnen, um Glück zu erleben. Es ist unser seelisches Erbe.

Wir brauchen das Glück nicht zu suchen: Wir besitzen es schon und müssen unser Erbe nur antreten – dort, wo wir eins sind mit dem Leben, das wie eine unerschöpfliche Quelle in uns fließt.

Das Schlimmste
ist diese Sehnsucht
nach dem Glück,
wenn man weiß,
wie weit man sich
von ihm entfernt hat.
Doch man täuscht sich.
Es ist immer
in Reichweite.
Manchmal berühre
ich es zufällig
und erschrecke
über meine Blindheit.

Gut aus Erfahrungen lernen .

Was nützen uns unsere besten Erkenntnisse, wenn es uns nicht gelingt, nach ihnen zu leben? Welchen Sinn haben die Fehler, die wir gemacht haben, wenn wir nicht fähig sind, aus ihnen zu lernen?

Unsere Enttäuschungen erwarten von uns, daß wir uns in Zukunft nicht mehr täuschen lassen. Unsere Desillusionierungen fordern uns auf, uns in Zukunft keine Illusionen mehr zu machen.

Doch unsere Liebe wünscht sich von uns, daß wir ihr freien Lauf lassen. Und unsere Zuversicht bittet uns, sie niemals aufzugeben.

Je besser wir aus unseren Erfahrungen lernen, desto besser wird sich unser Leben entwickeln.

Doch Erfahrungen sind ein zweischneidiges Schwert. Wir müssen sehr vorsichtig mit ihnen umgehen, um uns nicht selbst zu schädigen, und immer darauf achten, daß die laute Stimme der Erfahrung nicht die leise Stimme der Seele übertönt, die uns als einzige den richtigen Weg weisen kann.

Es ist sehr schwierig,
in der Liebe aus seinen
Erfahrungen zu lernen,
denn jeder Mensch,
dem du dich öffnest, ist einmalig.
Jeder wird dir etwas anderes geben,
jedem wirst du etwas anderes schenken.
Und deine Erfahrungen,
die dich schützen sollen,
können zu der Mauer werden,
die dich von dem trennt,
was du so nötig brauchst.

Das Leben mit liebenden Augen betrachten

Die Liebe ist ein magisches Licht in unserer entzauberten Welt.

Ruhm, Geld und Macht – was sind sie gegen den überwältigenden Zauber der Liebe, der uns erfüllen und überglücklich machen kann?

Der Berühmte will immer berühmter werden, der Mächtige immer mächtiger, der Reiche immer reicher. Sie sind Opfer eines unstillbaren Verlangens, das sie nicht in Frieden läßt.

Das wunschlose Glück der Liebenden genügt sich selbst, gibt ihnen Freude, Frieden und Dankbarkeit. Dies ist wahrer Reichtum. Nur die Liebe kann ihn uns schenken.

Unterwegs
zu sich selbst
ist man ein Leben lang,
jeden Tag aufs neue.
Und in den
Momenten wunschlosen Glücks
ist man bei sich angekommen.

Wer das Leben mit liebenden Augen betrachtet,
erkennt seinen verborgenen Sinn, seinen versteckten
Reichtum, seine unsichtbare Pracht.
Nur wer tief lieben kann, kann auch tief leben. Und
nur wer tief in das Meer des Lebens tauchen kann,
versteht es auch, hoch in seinen Himmel zu fliegen –
mit den Flügeln, die ihm die Liebe verleiht.

Solange wir wie geblendet
in das Laternenlicht
unseres eigenen Ichs starren,
können wir nicht
die Sterne am Himmel
der Liebe sehen.

Seine innere Freiheit bewahren

Freiheit ist der natürliche Zustand der Seele und einer der wertvollsten Lebensschätze. Doch wo Schätze sind, gibt es auch Räuber.

Es ist ratsam, auf der Hut vor Menschen zu sein, die bewußt oder unbewußt darauf abzielen, andere zu beherrschen, um deren innere Freiheit einzuschränken, also den Spielraum ihres wahren Wesens. Das darf nicht zugelassen werden – nicht einmal aus Liebe, die ohnehin niemand verdient, der andere beherrschen oder kontrollieren will.

Je mehr du jemanden liebst,
desto weniger kontrollierst du ihn,
denn Liebe schenkt Freiheit.
Je mehr du jemanden kontrollierst,
desto weniger liebst du ihn,
denn Kontrolle ist lieblos.

Innere Freiheit ist eine unverzichtbare Vorausset-
zung für das Erleben des Glücks – nicht nur die
Freiheit von bedrückenden Zwängen und dominie-
renden Menschen, sondern auch die Freiheit von
negativen Gefühlen wie Haß, Wut oder übertriebene
Angst. Wer ihnen folgt, wird nicht nur anderen, sondern auch sich selbst schaden – und sich vom Weg
zum Glück abbringen.

Wer das Glück findet, sollte sich bewußt sein, daß es
wie eine anspruchsvolle Pflanze gehegt und gepflegt
werden muß.

Wer anfängt, es für selbstverständlich zu halten, hat
es schon so gut wie verloren.

Auf die innere Stimme hören

Jeder hat eine innere Stimme, die er wahrnehmen kann, wenn er es ganz still in sich werden läßt. Was sie sagt, ist immer richtig, auch wenn es manchmal falsch verstanden wird.

Wer seiner inneren Stimme nicht folgt, ist schlecht beraten, selbst wenn sie Wünsche äußert, die unvernünftig oder beängstigend erscheinen. Sie sieht die Dinge von einer höheren Warte als der Verstand, auch wenn er dies nicht begreift, weil er sich auf dem höchsten Standpunkt wähnt.

Der zweifelnde Verstand hat schon viele Menschen einen guten Weg verfehlen lassen, auf den ihre innere Stimme sie führen wollte. Die Skepsis gegenüber der eigenen seelischen Weisheit ist eines der größten Hindernisse auf der Reise ins Glück.

Wer mehr Glück
als Verstand haben will,
darf seinen Verstand
nicht seinem Glück
in den Weg stellen.

Die höchsten Wahrheiten liegen jenseits der Verstandesgrenzen. Nur die Seele kann sie erkennen, im strahlenden Licht ihrer Weisheit, gegen das der Verstand wie eine Kerzenflamme wirkt.

Es gilt, sich seines Verstandes dort zu bedienen, wo es angebracht ist, sich aber nicht zu seinem Diener machen zu lassen, sondern in wesentlichen Dingen des Lebens auf seine innere Stimme zu hören. Sie allein weiß, was Glück bedeutet.

Ein Tropfen Glück
ist mehr wert
als ein Becher voll Geist.
Also ist es geistvoll,
seinen Becher so zu halten,
daß möglichst
viele Glückstropfen
in ihn fallen.

www.arsedition.de